LETTRE

D'UN ÉLECTEUR, NON ÉLIGIBLE,

A UN ÉLECTEUR, MAIRE DE CAMPAGNE,

En réponse à la demande qu'il lui avoit faite d'éclaircissemens sur le système émis par M. le vicomte DE BONALD, pair de France, sur la royauté et la pairie, dans sa lettre à la Quotidienne (n° du 20 janvier 1824).

Clermont-Ferrand (Puy-de-Dôme), le 26 février 1824.

JE suis, Monsieur, aussi affligé que vous de ce qu'un homme, pour qui vous et moi avons même vénération, a écrit et publié que la pairie l'avoit investi d'une *portion de royauté.*

Je conçois aisément que les libéraux en abusent pour dire que « la Charte n'ayant pas attribué plus de pouvoir » aux pairs qu'aux députés, il résulteroit du système » du pair, que chaque député possède aussi une *portion* » *de royauté.* »

Je conçois que l'ancien professeur de la souveraineté du peuple dans votre canton, ose ajouter, pour flatter l'amour-propre des électeurs de son parti, que « puisque » leur libre arbitre, en nommant des députés, donne » des portions de royauté, il s'ensuit qu'ils possèdent » une souveraineté supérieure. »

Vous m'avez demandé, il y a quelque temps, ce que vous et M. le Curé pouviez répondre pour combattre cette doctrine; j'avois d'abord répondu qu'il étoit sage, par égard pour le pair, de se borner à dire que c'étoit certainement à titre de plaisanterie ironique qu'il avoit lâché pareille erreur. Vous me dites aujourd'hui que cette manière de répondre est prise pour impossibilité de réfuter cette erreur, parce que la longue lettre où l'auteur l'a consignée, est grave, dogmatique, et que tout le monde connoît M. de Bonald pour être toujours très-grave, très-réfléchi, surtout sur pareille matière.

Vous désirez que je vous fournisse quelque argument tiré de la Charte, parce que les libéraux de votre canton se montrent, du moins en apparence, partisans de la Charte.

Eh bien! Monsieur, joignez-vous à M. le Curé, pour la leur lire et la leur expliquer; vous y verrez, ils y verront que la Charte proscrit très-formellement et très-expressément l'erreur du pair, en déclarant *le Roi seul chef suprême de l'État.* Vous trouverez littéralement, art. 14, cette expression; mais, avant tout, il faut bien dire à vos bons campagnards ce que c'est que la royauté.

La royauté est un pouvoir conservateur, défenseur, protecteur de tous les Français, de leur vie, de leur liberté, de leur religion, de leur honneur, de leurs mœurs, de l'intégrité du territoire de la France, de même que de toutes les propriétés communales et privées, de ses intérêts, dans toutes les parties du globe, contre toutes les atteintes de quelque puissance que ce soit.

Le Roi est, dans l'intérieur du royaume, l'appui de toutes les classes, pairs, députés, cultivateurs, négocians, simples ouvriers, principalement de ceux qui n'ont que leurs bras pour vivre et nourrir leur famille, et que la misère condamneroit à vendre leur liberté, à devenir esclaves des riches, si le Roi ne facilitoit, n'encourageoit leur industrie, quand la force et la santé leur permettent de l'exercer; ne leur ouvroit des asiles charitables, quand la maladie et la caducité viennent leur ôter cette ressource.

Le Roi ne peut pas tout voir, tout faire par lui-même, parce que les détails sont immenses.

C'est par ce motif qu'il a créé deux Chambres destinées surtout à lui faire connoître les besoins de ses sujets, et à l'aider à faire de bonnes lois. Il a déclaré les ministres responsables de leur exécution, et S. M. a autorisé la Chambre des députés à intenter accusation contre eux dans les cas prévus par la Charte.

Non-seulement la Charte ne contient rien qui concède à la Chambre des pairs aucune portion d'autorité royale; mais même tout son contexte exprime le contraire.

La Charte dit que le Roi a seul le droit de faire la paix et la guerre, et de faire tout ce que le salut de l'État demanderoit; ce qui prouve qu'il est maître d'employer l'armée contre tous rebelles de l'intérieur. Toute rébellion est une tentative, est un commencement de guerre civile; l'expérience de tous les siècles, de toutes les nations, a démontré qu'elle est plus funeste aux particuliers et à l'État, que les plus malheureuses guerres avec les puissances étrangères. Le salut de l'État est compromis dès qu'il y a rébellion.

La Charte ne concède à la Chambre des pairs qu'une part dans la coopération à la délibération et à la confection des lois; cette part n'est pas plus considérable que celle accordée à la Chambre des députés.

Le vote de l'impôt en fait partie, parce qu'on n'est obligé de le payer que quand il est légalement consenti.

La Charte interdit à la Chambre des pairs, comme à la Chambre des députés, de s'assembler, si le Roi ne les a pas convoquées. Si elles s'assembloient sans être appelées par ordonnance spéciale du Roi, ce seroit un acte d'usurpation, contraire à la Charte qui les a créées ; tout membre qui y prendroit part, seroit personnellement violateur de la Charte qu'il a jurée, et réputé coupable de trahison envers le Roi et l'État.

Selon la Charte, quand le Roi assemble les Chambres, l'initiative de la proposition des lois appartient à lui seul ; mais la Charte permet aux Chambres de prier le Roi de faire des propositions de loi dont elles indiquent spécialement le besoin. Elles doivent lui présenter leurs motifs. Quand les Chambres acceptent le projet de loi que les ministres leur ont proposé, il n'acquiert force de loi que par la sanction du Roi, parce que le Roi a seul le droit de commander l'obéissance, et d'y contraindre, attendu que la souveraineté repose sur sa tête seule, comme resté *seul chef suprême de l'État.*

La sanction est un acte de la volonté royale, que le Roi exerce *seul ;* c'est par cette raison que les ministres ne sont point responsables du refus de sanctionner fait par le Roi. Il suffit qu'il ne sanctionne pas, pour qu'il soit réputé avoir refusé ; les Chambres ne peuvent pas demander aux ministres les motifs du refus, quand même les Chambres n'auroient proposé aucun amendement au projet présenté par ses ministres.

Ce n'est qu'après que le Roi a sanctionné, que les ministres deviennent responsables de la non exécution de la loi ; et ils ne le sont que parce que la sanction est terminée par une injonction aux ministres de la faire exécuter.

La Charte dit que toute justice émane du Roi, et qu'au Roi seul appartient le droit de faire grâce des peines portées par la loi.

Aucun jugement ne peut être prononcé qu'en son nom, en quelque cour ou tribunal que ce soit.

Quand la Chambre des pairs juge un procès quelconque, c'est comme cour de justice du Roi, de même que toutes les cours royales et tribunaux. Aussi la cour des pairs a reconnu qu'elle étoit tenue de suivre les mêmes formes d'instruction, et de juger conformément aux mêmes lois: la supposition d'omnipotence dont on a parlé une fois, a paru à tous les publicistes, à tous les Français, un mot hasardé; elle a été désapprouvée par toute la France et toute l'Europe. La Chambre des pairs ne peut s'occuper d'une affaire que quand elle lui a été renvoyée par le Roi; elle ne peut en commencer aucune de son propre mouvement. Tant il est vrai que toute justice émane du Roi seul, et qu'il n'a pas voulu qu'ils pussent devenir juges autrement que par commission spéciale du trône.

Que faut-il de plus pour prouver que le Roi n'a cédé aux pairs aucune portion de royauté; qu'elle est restée toute entière, sur la tête du Roi, *une et indivisible*, comme à toutes les époques de la monarchie française?

Quand le Roi a-t-il donné la Charte? quand il étoit rentré dans la plénitude des pouvoirs de la royauté; lorsque tous les pouvoirs qui avoient été créés par l'insurrection, la rébellion et l'usurpation, avoient été de fait anéantis, leur institution déclarée nulle de droit, et leur existence repoussée par toute la France, dont le vœu étoit constaté par toutes les adresses des villes et des campagnes; enfin, lorsque toutes le supplioient de conserver la plénitude des droits de la royauté.

Le Roi l'a exercée pendant tout le temps qu'il avoit jugé nécessaire pour connoître, de plus en plus, quelles seroient les modifications les plus utiles pour améliorer le Gouvernement.

Le principal caractère de la royauté est d'être paternel; la royauté veut être éclairé par toute la grande famille.

C'est pour l'être sous tous les rapports, que le Roi a créé deux Chambres d'un caractère différent.

Il en a composé une de députés élus par chaque département et arrondissement; cela ne pouvoit pas avoir d'autre but, je le répète, que de bien connoître leurs besoins et leurs vœux.

Il a limité le temps pour lequel ils sont élus, de crainte que s'ils étoient à vie, ils n'usurpassent trop d'influence, soit dans leurs départemens, soit dans les bureaux du Gouvernement pendant les sessions, et qu'ils ne fussent tentés d'en abuser dans leur intérêt personnel.

Il a permis qu'ils fussent réélus, afin que leurs concitoyens pussent récompenser ainsi leur zèle, s'ils en étoient contens.

Le Roi s'est réservé le droit de dissoudre cette Chambre, parce qu'il falloit prévoir toutes sortes de cas, même celui où des préventions trop passionnées s'opposeroient à ce que les délibérations fussent bien réfléchies.

Il a composé la Chambre des pairs de membres héréditaires, parce que la paternité, naturellement occupée de la postérité, conduit en général les hommes à s'occuper de l'avenir. C'est ce sentiment dominant dans la Chambre des pairs, qui lui fait envisager le projet de loi sur lequel elle délibère, sous le point de vue de ses conséquences dans l'avenir, et fait qu'elle médite tout ce qui peut assurer la tranquillité; c'est ce sentiment conservateur, dis-je, qui l'engage à repousser les innovations, qui, sous prétexte de remédier à un abus présent, ouvrent la porte à de plus grands dans l'avenir : ce que des députés temporaires, plus occupés du temps présent, pourroient ne pas prévoir.

Le Roi avoit été trop long-temps témoin et victime du danger des innovations, pour ne pas chercher à le prévenir.

C'est lui seul qui, étant encore revêtu de la plénitude des pouvoirs de la royauté, a spontanément revêtu les Chambres de la coopération à son pouvoir législatif : coopération qui émane bien de la royauté, mais qui n'est point une portion de la royauté.

La loi est un acte solennel de prévoyance et de justice; les lois générales sont, pour la grande communauté des Français, ce que sont les contrats de mariage, les testamens, pour les familles.

Là, comme ici, ce sont des actes de la prévoyance paternelle, qui écoute les conseils de ses enfans, et les admet à délibérer, à pactiser sur ce qui est d'un intérêt commun à tous.

C'est spontanément que le Roi, pleinement libre, s'est imposé et a imposé à ses successeurs l'obligation de ne donner force de loi qu'à ce dont son Gouvernement (à qui il en a réservé l'initiative) seroit convenu avec les Chambres; de ne sanctionner aucun projet de loi sans leur coopération préalable.

Le Roi s'est réservé à lui *seul* la sanction, parce que c'est le seul acte qui convertit en loi ce qui n'en étoit encore que le projet, et surtout parce que, comme je l'ai déjà dit, il n'appartient qu'au Roi *seul* de commander l'obéissance, attendu que la souveraineté repose sur sa tête seule, comme resté *seul chef suprême de l'État,* ainsi que le porte la Charte.

Si la royauté ne reposoit pas sur la seule tête du Roi sans partage, la marche du Gouvernement seroit entravée à chaque pas ; les intrigans pourroient exciter des jalousies, des querelles, entre les portions de royauté ; des pairs trop influans pourroient s'accorder pour maîtriser le Gouvernement, et conduire leur Chambre à l'omnipotence ; les membres des Chambres n'en seroient pas moins divisés entre eux, pour exercer leur exigence individuelle sur les ministres : et il n'y auroit qu'un extravagant qui voulût hasarder d'accepter un ministère.

L'auteur du système a imprimé qu'il n'entendoit pas parler des députés ; de sorte qu'on ignore s'il leur destine une portion de royauté. Cela porteroit le nombre des portions de royauté de sept à huit cents, et bien plus haut, si le Roi suivoit le conseil de l'auteur de multiplier les pairs.

Alors il y auroit des portions de royauté de diverses natures : les unes *héréditaires,* pour les pairs héréditaires très-nombreux ; les autres seulement *inamovibles,* pour les pairs à vie ; un plus grand nombre temporaires et *très-mobiles,* passant de la tête du député sortant sur celle du député entrant, selon le libre arbitre des électeurs. Je crois que ce système de portions de royauté, ne fût-ce que de nom, dans un pays où les mots ont souvent tant d'influence (1), seroit dangereux pour la tran-

---

(1) Voltaire a prédit que cet abus de mots perdroit notre langue ; qu'il amèneroit confusion d'idées et les plus fausses interprétations. Il appelle cet abus *parler allobroge.*

quillité de la France, que certainement il n'enrichiroit pas, si, comme le dit l'auteur, il convient de pensionner les portions de royauté.

Comment espérer que ceux dont l'amour-propre a savouré, cinq ou sept ans, le plaisir de posséder une portion de royauté, veuillent se résigner à ne plus rien être?

Lors des élections, l'intrigue en auroit bien plus d'activité; il n'y en a déjà que trop. Et combien il y auroit d'intrigues dans la Chambre des députés pour arriver à la pairie, et rendre héréditaire sa portion de royauté, mobile tant qu'on ne seroit que député!

Quel est le père de famille qui pourroit ne pas désirer que la royauté restât une et indivisible sur la seule tête du Roi, et qu'on bannît de la langue française l'expression antimonarchique *portion de royauté?* L'âme, le cœur, le bon sens de tout Français la repousse sous tous les rapports, principes et convenances.

J'appelle au secours du mot *royauté* le mot *monarchie;* jusqu'à présent ils ont été synonymes. Dans le mot *monarchie,* qui dit littéralement *seul souverain suprême,* on trouve le caractère de la royauté, une et indivisible : mais je ne retrouve plus, dans le dernier écrit de M. de Bonald, les principes monarchiques qu'il a si bien défendus précédemment.

La politique éprouve aujourd'hui ce que la théologie a souvent éprouvé; elle est torturée par une multitude de métaphysiciens, de doctrinaires de toute nuance, qui créent de nouvelles acceptions pour les mots, et dénaturent les idées qu'ils peignoient jadis; ils créent même souvent de nouveaux mots, auxquels ils donnent une valeur fantastique, à l'appui du système dont ils rêvent la conception.

L'histoire ecclésiastique nous apprend que telle fut l'origine de plusieurs hérésies qui ont désolé l'Église, et dont quelques-unes ont divisé les chrétiens au point de s'entr'égorger pour des mots qu'ils ne comprenoient pas.

Ces hérésies naquirent de l'amour-propre des écrivains, qui vouloient être crus plus savans que leurs devanciers.

Certes, il faut que le terrain de la métaphysique soit bien glissant, pour avoir conduit M. de Bonald, d'ailleurs si orthodoxe, à une hérésie politique si contraire aux principes monarchiques, celle de supposer qu'en faisant un pair, le Roi l'investit d'une portion de royauté.

Fénélon, rétractant ses erreurs, parut, aux yeux de toute l'Europe, encore plus grand et plus respectable qu'auparavant; espérons que M. le vicomte de Bonald imitera Fénélon.

Celle des *portions de royauté* n'est pas la seule erreur que contient la lettre qu'a publiée M. de Bonald dans *la Quotidienne.*

Il y dit que le Roi est un simple pensionnaire de l'État, et ajoute que puisque les pairs pensionnent le Roi, le Roi peut bien pensionner les pairs : manière assez singulière de faire de la liste civile une pure libéralité, qui doit être réciproque.

Rétablissons la vérité : elle est incontestable, connue de tout le monde, et bien plus encore de quiconque a lu l'histoire de France. Les actes qui la prouvent, sont aux archives de l'État ; et M. de Vaublanc, ancien ministre, les a rappelés à la tribune de la Chambre des députés, en présence de M. de Bonald, alors député, sans que personne ait élevé le moindre doute, pas même ceux qui affichoient le plus de répugnance pour la famille des Bourbons.

La dynastie régnante a porté à la couronne quarante-cinq millions de revenus, consistans en terres patrimoniales, qu'elle possédoit en pleine propriété héréditaire, comme tout autre Français, comme le plus petit de vos campagnards possède le champ qu'il tient de son père ; la couronne dont elle héritoit, possédoit déjà beaucoup de biens ruraux, puisqu'alors les domaines royaux fournissoient à toutes les dépenses du Roi, de sa famille, de sa maison, de toute sa suite.

Le Roi a prononcé la réunion des biens de sa famille et de la couronne, parce qu'il n'y avoit aucun inconvénient à les mettre en communauté, et parce que cela simplifioit et rendoit plus économique la régie générale qui appartenoit à lui seul.

La communauté n'a pas effacé l'origine des biens, n'en a pas dénaturé le caractère ; par conséquent, la liste civile ne peut avoir que le caractère d'une convention d'abonnement du revenu patrimonial héréditaire, que la dynastie régnante a uni et laissé en communauté avec ceux de l'État.

Sur le pied où cet abonnement est à présent, l'État y a gagné quinze millions de revenus, sauf les frais de régie qui n'absorbent pas le quart de ce bénéfice. Ce n'est donc pas à titre de libéralité que le Roi et la famille royale reçoivent la liste civile.

La Charte ne dit rien qui prête à penser que le Roi ait voulu n'être qu'un pensionnaire de l'État.

Quand la Charte dit que sa fixation sera de nouveau déterminée lors de l'avénement du successeur au trône, c'est parce qu'il en résulte un changement de situation dans la famille régnante, qui doit influer sur la fixation, ne fût-ce que parce que le successeur au trône, en devenant roi, ne peut pas garder ce qu'il recevoit personnellement comme prince ayant existence, maison séparée de celle du Roi.

On a cru pouvoir assimiler la liste civile de France à celle d'Angleterre; il n'y a aucune parité. La dynastie qui règne en Angleterre n'a apporté à ce royaume aucune dotation dont celui-ci jouisse; ses propriétés patrimoniales héréditaires étoient en Allemagne, l'Hanovre, le duché de Lunebourg, le duché de Brême, et autres principautés, seigneuries et domaines; elle les y a conservées sans les réunir à la couronne d'Angleterre; elle en jouit séparément.

Les choses étant restées dans cet état, on conçoit aisément que les Anglais croient pouvoir dire que leur liste civile est une pension accordée par la nation anglaise au Roi et à sa famille; mais en France, l'origine et la situation sont diamétralement opposées.

Quelques usages, quelques locutions anglaises, peuvent être adoptés en France sans aucun inconvénient, quoique je pense qu'il vaudroit mieux être totalement Français; mais au moins il ne faut pas que la manie d'être à l'anglaise fasse dénaturer les choses et le langage d'une manière contraire à la vérité : il ne faut pas employer des locutions dont il résulte l'effet d'affoiblir l'affection des Français pour le Roi et sa famille. J'ai cru devoir faire cette dernière réflexion, parce que vous me mandez que les libéraux argumentent de cette expression, *le Roi est pensionnaire de l'État,* pour dire aux contribuables que la liste civile est un don, une libéralité, qui augmente les charges; tandis que c'est un abonnement de revenus appartenant patrimonialement à la famille régnante, sur lequel l'État bénéficie.

M. de Bonald est certainement un des Français les plus dévoués de cœur et d'âme au Roi et à toute la famille royale, et il ne se pardonnera jamais d'avoir livré au public des erreurs d'un si mauvais effet ; il ne faut voir en lui à cet égard que le métaphysicien, qui a la manie commune à des doctrinaires de bonne foi (car il y en a qui le sont), de pousser les analises, les abstractions à l'infini, de créer des classifications qu'il croit profondes, et qui sont filles d'une imagination échauffée par l'envie de tout définir à sa façon, de se montrer plus savant que les autres, plus homme de génie : tandis qu'en matière de gouvernement, l'homme d'état n'apprécie la bonté des principes que sur leur effet dans l'application aux hommes et aux choses.

Un esprit fatigué par la préoccupation, n'aperçoit plus les faits qui, la veille, lui étoient le plus connus : c'est ainsi que M. le vicomte de Bonald induit en erreur le lecteur peu instruit, en disant que ce sont les pairs qui pensionnent le Roi ; car, selon la Charte, les deux Chambres concourent également à la fixation de la liste civile, lors de l'avénement à la couronne de son héritier présomptif ; et même, comme la liste civile est portée sur le budget des dépenses, on pourroit penser que, le cas arrivant, cette fixation sera traitée à la Chambre des députés avant d'aller à celle des pairs, puisque la Charte dit que cela doit se pratiquer ainsi pour le budget. Pourquoi la liste civile est-elle portée sur le budget ? parce qu'on porte dans le budget en recette en communauté le revenu des biens patrimoniaux apportés à la couronne par la dynastie régnante.

Si l'on pouvoit raisonnablement supposer que l'acceptation de la royauté emportât de droit la confiscation, au profit de la nation, de tous les biens patrimoniaux du Roi et de toute sa famille ; et si en même temps on pouvoit supposer qu'un particulier, en acceptant la pairie, devînt portion de la royauté, il faudroit nécessairement en conclure que l'acceptation de la pairie emporte aussi confiscation, au profit de l'État, de toute la fortune patrimoniale héréditaire des pairs : car le principe doit être le même pour toutes les portions de royauté, que ce système met en communauté de droits héréditaires. Dans ce cas, on trouveroit plus naturelle la dernière phrase de l'auteur, *puisque les pairs pensionnent le Roi, il doit pensionner les pairs ;* pour la mettre plus en harmonie avec son système, il faudroit ajouter : La Chambre des députés doit porter nos pensions dans le budget comme la liste civile ; car si c'est le Roi seul qui pensionne les pairs, la liste civile en sera bien diminuée. Et que deviendront les malheureux à qui le Roi distribue tant de secours, les artistes que ses pensions encouragent à faire faire aux arts, à l'industrie, des progrès qui sont une source de richesses pour l'État ?

M. de Bonald reconnoîtra sûrement que la pairie doit borner son ambition à être la fille aînée de la royauté, sans prétendre à partager la royauté ; que chaque pair doit être satisfait de prendre sa part dans le droit d'aînesse, que le Roi lui a accordé dans la grande famille des Français ; enfin, que le Roi est le seul représentant de la nation entière.

En France, la pairie est la seule dignité héréditaire ; ce qui assure à chaque famille de pair la plus haute, la plus permanente considération. Que peut désirer de plus un noble caractère, si ambitieux qu'il soit ? Les autres distinctions sont bornées à la vie de l'homme,

qui les obtient par ses services ou ses talens ; la route
pour les mériter est ouverte à tous les Français : mais un
fils de pair éprouvera toujours moins de difficultés que
tout autre dans sa carrière, ne fût-ce que parce qu'il aura
toujours assez de fortune pour recevoir une bonne
éducation, et bien plus d'appui que le grand nombre
de ses concurrens.

Quelques hommes très-judicieux ont réfuté par l'histoire même quelques erreurs de M. de Bonald, dans sa
comparaison de la nouvelle pairie avec celle qui existoit
avant la révolution : deux écrivains ont publié à ce sujet
de bons articles dans *la Quotidienne ;* mais l'envie d'être
assez brefs pour trouver place dans ce journal, a fait qu'il
s'en faut de beaucoup qu'ils aient dit tout ce qu'il eût été
bon de dire.

Je ne veux dire ici que ce qui intéresse plus essentiel-
lement la royauté.

Vous me dites, Monsieur, que vos petits docteurs en
libéralisme continuent d'assurer à vos bons campagnards
que la monarchie française doit son origine à ce que leurs
ancêtres se sont *lâchement* laissé subjuguer par des hordes
de Vandales, de Goths, d'Ostrogots. Ce système est inju-
rieux pour la nation française ; et c'est par des faits prouvés par l'histoire que je vais vous démontrer qu'il est faux.

Les Commentaires de César nous disent que les Gaulois étoient très-courageux ; qu'il eut bien plus de peine
à les vaincre, qu'à vaincre toutes les autres nations ; ils
disent que les Auvergnats montrèrent encore plus de
bravoure, qu'ils lui résistèrent plus que tous les autres,
qu'ils étoient commandés par Vercingentorix, le dernier
de leurs rois. Ainsi, il est prouvé que le gouvernement
monarchique existoit dans les Gaules avant leur conquête

par les Romains, et, par conséquent, bien avant l'époque où ils font arriver les Vandales, les Goths, les Ostrogots, pour leur donner un roi.

Ainsi, il est prouvé que nos ancêtres n'étoient point
des lâches, et qu'ils étoient très-dévoués à leur Roi.

Les Gaules, lors de leur conquête par César, étoient
divisées en plusieurs royaumes plus ou moins étendus ;
les Romains avoient poussé l'art de susciter des divisions
entre leurs rois, et entre ceux-ci et leurs peuples, aussi
loin que l'art de la guerre, qui leur donna tant de supé-
riorité sur toutes les nations qui l'ignoroient encore, et
n'avoient que du courage.

Nous avons vu, de 1792 à 1814, combien cet art de
semer des divisions a facilité les conquêtes.

Vercingentorix battit quelquefois César, particuliè-
rement entre Gergovia et Clermont, où de mon temps
on a trouvé tant d'urnes cinéraires de leurs chefs et tant
d'armes romaines.

Vercingentorix poussa ses succès jusqu'à Alexia, à
soixante lieues de sa capitale, espérant délivrer du joug
des Romains toutes les Gaules ; il succomba, parce qu'il
fut mal secondé par ceux qui avoient imploré son secours,
et qu'il en éprouva des trahisons.

Jamais les Romains n'auroient conquis les Gaules, si
elles n'eussent formé qu'une seule monarchie sous un
seul chef suprême, fort de l'unité et de l'indivisibilité
des pouvoirs monarchiques sur l'intégrité des Gaules.

Quoi qu'il en soit, il reste prouvé que le gouvernement
monarchique étoit établi dans les Gaules plusieurs siècles avant que Pharamond vînt l'y rétablir à la tête des
Francs.

D'où tiroient-ils ce nom de Francs? On n'a jamais
connu aucun pays, aucun peuple qui portât ce nom.

L'explication m'en paroît bien naturelle, bien simple : elle est très-honorable pour tout bon Français.

Les Romains avoient tout envahi jusqu'aux bords du Rhin, dont ils occupoient la rive gauche jusqu'à la mer ; nombre de Gaulois, qui n'avoient pas voulu se soumettre, avoient été obligés de se réfugier sur la rive droite du Rhin, avec les rois à qui ils étoient restés fidèlus, ils y étoient repandus jusqu'à l'Elbe, et y avoient trouvé l'hospitalité qu'y ont trouvée les émigrés quatorze cents ans après.

Dans les temps intermédiaires, une multitude de Français, que la révocation de l'édit de Nantes avoit fait sortir de France, avoient passé dans le même pays, plutôt que d'être gênés dans l'exercice de leur culte (1). Est-il étonnant que plus anciennement, le même caractère eût porté les Gaulois à y chercher un asile plutòt que de subir le joug de fer des Romains?

Les Gaulois y vécurent *francs* du joug des Romains ; la racine de ce mot est tirée de la langue latine, habituée à tirer le nom des personnes de leur caractère, de leur conduite ; tout porte à croire que ce furent les Romains qui leur donnèrent ce nom ; car les langues gauloise et tudesque employoient, pour exprimer la liberté, la franchise du caractère, des mots bien différens du mot latin *Franci*, Francs.

C'est entre le Rhin, le Weser, l'Elbe, que les Francs

---

(1) Ils n'ont jamais osé rêver de rentrer en France les armes à la main, quoiqu'ils eussent formé jadis des plans de la convertir en république, parce que la fidélité des Français à leur Roi et à la religion catholique leur a ôté toute espérance jusqu'à la proclamation de la république, le 22 septembre 1792 ; mais elle s'est aussitôt souillée de tant de crimes, qu'aucun honnête homme ne songea à profiter de la permission de revenir en France.

formèrent leur première armée, pour la délivrance des Gaules.

Il étoit naturel qu'ils missent à leur tête un chef du sang des rois avec qui ils s'étoient réfugiés dans ces pays. Aussi, les noms de nos premiers rois, Pharamond, Clodion, Mérovée, n'ont-ils aucune analogie avec les langues vandales, gothes, ostrogotes; tandis qu'au contraire ils ont le caractère de la langue gauloise. Si le nom de Chilpéric, le cinquième de nos rois, a la terminaison un peu tudesque, on doit croire que c'est parce qu'il étoit né pendant le refuge de son père en pays tudesque, ou qu'il le reçut d'une mère étrangère; car on conserve souvenir, en Germanie, des mariages qui ont eu lieu alors entre les Gaulois et les filles des princes germains, et l'on sait qu'alors on prenoit souvent le nom de sa mère; enfin, que les noms propres subissoient beaucoup de variations, selon les circonstances.

Le nombre des réfugiés gaulois ne pouvoit pas être assez grand pour former une armée assez forte pour une expédition que le nombre, le courage et le talent des Romains rendoient si difficile.

La réputation des Gaulois les avoit précédés en Germanie; quelques siècles auparavant, de nombreuses émigrations de Gaulois, ayant à leur tête un de leurs rois, l'avoient traversée, et avoient poussé des colonies jusques en Grèce, en Asie, où on se souvient encore d'eux (1).

---

(1) Les chroniques grecques disent que Gallipoli, ville de la Turquie européenne, à l'embouchure de la mer de Marmara, tire son nom de ce qu'elle fut fondée par les Gaulois, dans cette grande émigration conduite par l'un de leurs rois. Le dernier primat de Pologne, l'homme le plus instruit en origine des peuples, me disoit en 1797, à Varsovie, ainsi que le bibliothécaire Bertrandi, que la Gallicie tiroit son nom des Gaulois

Ils avoient triomphé, les armes à la main, des résistances qu'on avoit opposées à leur marche. Il est naturel que quand les Gaulois, déjà appelés Francs, ont voulu lever une armée pour venir délivrer leur pays, le caractère noble, généreux, sacré de cette entreprise, toujours séductrice pour toutes les âmes belliqueuses, pour tous les peuples que le luxe n'a pas encore amollis, ait fait accourir sous leurs drapeaux des soldats de toute nation. La bonne volonté des Germains étoit stimulée par la peur qu'ils avoient de voir arriver, sur la rive droite du Rhin, les nombreuses légions romaines qu'ils voyoient sur la rive gauche en attitude menaçante.

Les Francs se recrutèrent d'hommes de tout pays : mais l'armée rassemblée par le Roi des Francs en Germanie, n'en étoit pas moins l'armée des Francs, entreprenant la délivrance de leur patrie.

---

de cette grande émigration, qui laissèrent par échelon des colonies, jusqu'à l'embouchure de la mer de Marmara.

Quelques auteurs allemands disent que la Franconie tire aussi de là son nom.

Les Gaulois avoient conquis partie du terrain sur les Scythes. Voltaire, qui abusoit de tout pour rendre plus gaies ses fictions historiques, et même par fois pour le simple besoin d'une rime, en a abusé aussi pour faire les Francs Scythes, Cimbres, Sicambre, Vandales, etc. : il se jouoit de ses lecteurs, et rioit avec ses amis de leur disposition à tout *avaler*, *fussent-ils académiciens, tant ils sont gloutons de mes œuvres :* c'étoit sa propre expression à la cour de Berlin qu'il divertissoit aux dépens des Français. Voltaire dit que les Francs étoient libres : et, dans le même ouvrage, il dit que les Scythes, les Cimbres, les Vandales, étoient esclaves. C'est désavouer lui-même son système sur l'origine des Francs.

On a donné le nom de Gallipolis à une ville nouvelle bâtie sur les bords de l'Ohio, en Amérique, et habitée par des émigrés français. Seroit-on fondé à dire de ceux que la restauration a ramenés en France, que ce sont des sauvages de l'Ohio, quand même ils auroient mené en France quelques serviteurs sauvages ?

L'armée des Francs, même avec ces recrues, étoit bien loin d'être assez nombreuse pour expulser les Romains, et soumettre un pays si vaste et déjà fort peuplé, si elle n'eût pas été secondée par la partie la plus saine des Gaulois, fiers d'être délivrés du joug des Romains par les enfans de leur nation (1). Les Romains avoient écrasé les Gaulois non-seulement de contributions, mais encore de travaux ; car ce seroit étrangement s'abuser que de croire que les légionnaires romains ont travaillé de leurs mains ces routes qui ont demandé tant de fouilles, tant de transport de rochers pris au loin : ils n'y ont contribué qu'en les dirigeant et forçant au travail le peuple du pays.

---

(1) L'armée de Clovis alloit tout au plus à 20,000 hommes, de l'aveu de Voltaire, qui porte le nombre des Gaulois de 8 à 10 millions.

Les Romains avoient dans les Gaules une armée trois ou quatre fois plus nombreuse.

Vingt mille hommes eussent-ils poussé leurs succès en tous sens, leurs droite jusqu'en Bretagne, leur gauche jusqu'à l'Alsace, leur centre jusqu'à Paris, si on ne les avoit pas reçus comme des libérateurs ? s'y seroient-ils maintenus, s'ils n'avoient été que des barbares oppresseurs?

On les reçut comme des enfans venant délivrer leur mère patrie.

L'origine de la féodalité est de plusieurs siècles postérieure à la restauration de la liberté des Gaulois par les Francs ; la féodalité se forma par l'usurpation des droits appartenans à l'état ou à la couronne, plutôt que par oppression exercée contre ceux qui payoient ces droits, et à qui il étoit indifférent de payer à celui qui avoit reçu jusque-là, en qualité de préposé de l'État ou de la Couronne, ce qu'il vouloit recevoir désormais comme propriétaire personnellement.

Dans un *système* représentatif, les empiétemens des corps intermédiaires peuvent, dans la suite, devenir aussi funestes aux simples citoyens qu'à la Couronne.

Lisez l'histoire de la Ligue, qui, sous le prétexte de bien public, vouloit exclure Henri IV du trône, et y placer un étranger. Lisez celle de la Fronde, qui vouloit y placer un rebelle, dont les intrigues se préparoient dans les boudoirs de femmes galantes, où les robes longues du palais

Avant son départ de la Germanie, le prince qui commandoit l'armée des Francs, avoit pris le titre de roi des Francs. S'il n'eût pas été fils, petit-fils de prince gaulois; s'il eût été étranger, il auroit pris le titre de roi de la nation dont il auroit, dans ce cas, composé le premier noyau de son armée; il commandoit des Francs-Gaulois, il prit le titre de roi des Francs pour délivrer sa patrie, et la patrie reconnoissante prit le nom de ses libérateurs. De là le titre de royaume des Francs, exprimé par celui de France : le serment de fidélité au Roi des Francs, restaurateur de la patrie, fut prêté avec allégresse par tous les amis de leur pays.

Les usurpateurs ne cèdent pas aisément ; ils ont partout, et en tout temps, des partisans opiniâtres, parce qu'ils doutent qu'on leur pardonne d'avoir aidé l'usurpation ; les difficultés s'accroissent par la mésintelligence, les jalousies entre les chefs d'une si vaste entreprise. Mais l'étendard de la foi chrétienne, qui faisoit déjà de si grands progrès dans les Gaules, devient le plus puissant auxiliaire de Clovis : il le fait avancer à pas de géant.

Ainsi, les faits les mieux prouvés pulvérisent la fable des révolutionnaires, si outrageante pour la nation fran-

---

faisoient essai de leurs manœuvres pour se mêler des affaires du gouvernement, en se disant gardiens des *maximes fondamentales* du royaume, que cependant ils violoient chaque jour en empiétant sur les droits du trône. Ils n'ont cessé de le faire depuis ; et leur prétention de représenter la nation qu'ils étoient dans l'impuissance de soutenir, leur ayant fait demander la convocation des états-généraux, les factieux en ont fait leur représentation nationale, qui a envoyé à l'échafaud les parlemens qui, six ans avant, vouloient être réputés représenter la nation.

çaise ; elle ne pouvoit être débitée avec tant d'audace, que par une secte qui nioit l'existence de Dieu.

Vous me demandez quelle fut la première origine du gouvernement monarchique ; je réponds : Ce fut une continuation du gouvernement patriarchal, qui lui-même ne fut qu'une continuation du gouvernement paternel et du pouvoir que Dieu y avoit attaché.

Je m'explique en remontant plus haut.

En créant l'homme, en le destinant à produire une postérité innombrable, Dieu a infailliblement prévu que le libre arbitre qu'il lui donnoit, produiroit entre ses descendans les plus ardentes jalousies, les plus violentes querelles ; qu'il s'ensuivroit les guerres les plus meurtrières, même avant que les premières générations eussent produit de grandes peuplades ; que peut-être on ne verroit, jusque dans le sein des familles, que trop d'imitateurs de Caïn assassinant son frère ; que ces guerres se perpétueroient, deviendroient de plus en plus acharnées, jusqu'à ce qu'il ne restât plus sur la terre que les deux plus violens, les deux plus entêtés des hommes ; enfin, que l'un des deux parviendroit à faire périr l'autre par le fer, le feu, ou le poison.

La bonté infinie de Dieu ne pouvoit prévenir, diminuer les mauvais effets du libre arbitre qu'il avoit cru devoir donner aux hommes, qu'en donnant au père de toute la famille le droit de la gouverner, et en lui imposant le devoir de protéger les foibles, de comprimer les violens, de réprimer les entêtés, qui, sous prétexte de vouloir seulement être indépendans, travailleroient à devenir dominateurs des autres.

Ce seroit douter de la prévoyance infinie de Dieu, si on se refusoit à croire qu'en révélant au premier père le don de la parole (1), afin qu'il pût instruire ceux qu'il devoit gouverner, il ne lui avoit pas inspiré les sentimens et les premiers élémens de la justice naturelle et distributive.

Certes, il faut que le sentiment de la justice soit inné dans le cœur de tous les hommes, pour qu'on le trouve chez les sauvages les plus dépourvus de toute instruction; il faut que le besoin en soit bien senti par tous, pour qu'il survive, du moins en partie, parmi les brigands qui violent toutes les lois divines et humaines de l'ordre social; car on sait qu'ils établissent parmi eux une sorte de justice, de crainte que dans le partage qu'ils font ensemble du fruit de leurs rapines, les plus forts, les plus violens ne se portent à égorger ceux qui le seroient moins.

Je crois que Dieu fit la grâce aux premières générations de sentir le danger de partager entre les frères le pouvoir conservateur de tous, dont le père mouroit revêtu.

De là naquit la transmission, par ordre de primogéniture et d'hérédité, au fils et successeur, du premier pouvoir législateur et justicier : s'il eût été électif, la jalousie et l'ambition de dominer auroient armé frère contre frère, et auroient amené la destruction des peuplades, avant qu'elles se fussent multipliées.

La paternité, la primogéniture, l'hérédité furent donc les trois premières bases fondamentales de l'ordre social.

Dans les premiers âges, le nom de *patriarche*, *père*, *souverain*, rappeloit à tous que le pouvoir de gouverner dérivoit de la paternité, et leur rappeloit que Dieu, en créant leur premier père, avoit donné au pouvoir

---

(1) On doit à M. le vicomte de Bonald les plus admirables réflexions sur la révélation de la parole.

du chef suprême de la peuplade ou nation le caractère d'institution divine.

La multiplication des hommes engage le chef de tous à envoyer une partie de ses sujets sur des territoires lointains ; il faut beaucoup d'espace aux peuples qui ne sont encore que pasteurs et chasseurs ; d'immenses distances empêchent qu'ils puissent recourir au chef de la mère patrie ; celui-ci respecte l'institution divine, *l'unité, l'indivisibilité* du pouvoir, si nécessaire pour assurer la tranquillité de la nouvelle peuplade ; il abdique ses pouvoirs sur elle et son territoire ; il les transmet au chef qu'il lui donne, en lui imposant, à lui comme à tous, le respect pour l'institution divine de l'unité et de l'indivisibilité du pouvoir ; et, je ne saurois trop le répéter, parce qu'elle est nécessaire à la tranquillité, au bonheur de tous, de même que sa transmission par l'ordre de primogéniture et d'hérédité.

Lorsque le nom de monarque succède à celui de patriarche, on se plaît à le composer de manière à perpétuer l'idée primitive de l'unité et de l'indivisibilité du pouvoir suprême du chef de l'État ; car *monos* dit seul, et *arque* supérieur.

Le nom de roi devient plus usité, mais il rappelle encore l'origine, *rex*, substantif de *regere*, et dit que c'est toujours le chef suprême ; les droits, les devoirs et l'autorité restent les mêmes que ceux des patriarches.

Le despotisme ne s'est jamais bien établi que chez les peuples qui avoient renoncé aux principes de la religion que Dieu avoit donnée à l'homme : tel est l'empire ottoman. Partout où la religion chrétienne a été portée, elle y a posé les bases de la vraie liberté ; et quoique le caractère des nations ait plus ou moins modifié la liberté, elle s'y est maintenue à peu de nuances près.

J'ai bien entendu crier contre l'arbitraire en France avant la révolution, mais il me semble que la liberté n'a fait que déplacer l'arbitraire; car les jurés sont dispensés de motiver leur déclaration de culpabilité, et la jugent arbitrairement, tandis que la cour royale, composée de personnes plus instruites, plus en état d'apprécier les cas ou circonstances, se trouve forcée, par l'arbitraire du jury, d'appliquer la peine, et n'en est pas moins obligée de motiver sur le texte de la loi l'application; d'où il résulte que l'arbitraire que le Roi s'est interdit et a défendu à tous les dépositaires du pouvoir royal, est devenu l'attribut de tout Français qui peut être juré. La république romaine ne l'avoit confié qu'aux juges *arbitrio judicis.*

On trouve dans les livres sacrés, dans les monumens de la plus haute antiquité, dans les plus anciennes histoires, dépositaires des traditions les plus certaines, la preuve de cette espèce de généalogie qui constate que la royauté est fille du patriarchat; pour le désavouer, il faudroit commencer par supposer que Dieu n'a pas chargé les pères du soin de leurs enfans, ce qui seroit nier sa bonté, sa prévoyance, sa justice. Autant vaudroit dire que ce n'est pas Dieu qui a créé l'homme.

Il est remarquable, sur ce point si important, que ceux qui ont voulu donner à la terre une autre origine que sa création par Dieu, ceux qui ont mis à sa place des systèmes que leurs contradictions, leurs variations, ont démontré n'être que des fables impies, n'ont jamais osé créer une fable sur la création de l'homme, qui pût donner le moindre air de probabilité à une autre création que celle que l'évangile et le fond de notre cœur nous disent avoir été l'œuvre de Dieu.

C'est à ce que les droits, les devoirs, l'autorité des rois, sont restés les mêmes que ceux des patriarches vraiment paternels qui étoient d'institution divine, qu'il faut rapporter l'usage des monarques chrétiens de se dire rois par la grâce de Dieu.

De grandes secousses, de grandes catastrophes ont renversé quelques monarchies, ont donné naissance à des républiques; quelques-unes ont eu de grands succès; elles n'ont pas manqué d'écrivains habiles à altérer les faits, pour persuader que l'insurrection avoit été nécessitée par l'oppression. Je ne dis pas qu'il n'y en ait jamais eu; mais on peut douter de la véracité des historiens des républiques, quand on a vu ceux de la république française, fondée par le plus grand de tous les crimes, faire de Louis XVI un tyran, lui qui n'a péri que parce qu'il avoit été trop bon, trop indulgent pour des ingrats.

Le despotisme et la cruauté des prétendus représentans du peuple, du temps de la république, l'ont puni sévèrement de son insurrection, qualifiée le plus saint des devoirs par un niais, leur premier mannequin, qui l'est encore du reste impur de cette secte.

La France se seroit-elle soumise à un usurpateur corse, si elle n'avoit pas éprouvé que le partage des pouvoirs et leur mobilité multiplioit les tyrans dans chaque département, dans chaque canton?

En attendant que la lassitude de la tyrannie et les fautes du grand tyran pussent faciliter le retour de la légitimité, la France y trouvoit quelque soulagement, dans la possibilité de s'adresser au chef des tyrannies subalternes, pour adoucir le joug et rendre les déprédations moins excessives.

A quelque époque que ce soit, l'agrandissement des

républiques, leurs modifications n'ont jamais rendu leur gouvernement intérieur aussi paternel que le gouvernement monarchique.

Le principe de cette grande vérité doit être compris et senti par tout homme de bon sens; dans toute république, tous ses intérêts, toutes les affaires de l'État, sont, pour les *gouvernans, affaires de communauté;* chacun d'eux tient bien plus à ses intérêts privés, à ceux de sa famille, qu'à ceux de la communauté. L'intérêt de l'État n'est, pour lui, qu'un intérêt secondaire; tandis que le monarque a tous ses intérêts privés, tout ceux de sa famille irrévocablement et à perpétuité dépendans de la prospérité et de la tranquillité de l'État. C'est ce qui fait aussi que dans les monarchies qui ont un système représentatif, tel, par exemple, que le nôtre, aucun pair, aucun député ne peut être aussi intéressé à la prospérité et à la tranquillité de l'État, que le Roi et toute sa famille : en effet, le pair et le député ont leurs principaux intérêts privés, leur fortune personnelle, celle de leur famille, séparés des intérêts généraux de l'État.

Un roi ne peut se décider à établir un système représentatif par aucun autre motif que le désir d'être juste, d'être éclairé, parce qu'il ne peut pas tout voir; que parce qu'il ne se croit pas à l'abri de toute surprise; que parce que lui-même ne se croit pas plus infaillible que ses ministres, qui, malgré que l'opinion publique les proclame talens supérieurs, et leur donne les intentions les plus pures, ne sont que des hommes; et tout homme peut être sujet à erreur.

Le monarque est toujours à l'abri du besoin de grossir sa fortune privée : ce qui occupe beaucoup les gouvernans d'une république.

Si les erreurs ou les passions d'un monarque, si celles de ses ministres l'écartent de la meilleure route, il est plus aisé de l'y ramener que les gouvernans d'une république ; et cela par le propre intérêt du monarque, par celui de sa gloire, de son amour-propre.

Il sait, depuis son enfance, que la responsabilité morale des résultats bons ou mauvais remonte jusqu'à lui, aux yeux de la grande masse du peuple ; tandis que le membre du corps délibérant, dans une république, qui aura été bien chaud pour faire faire ce qui tourne mal, trouve encore moyen d'échapper aux reproches, en rejetant tout sur la majorité : excuse banale, donnée souvent aussi par les membres des corps délibérans dans le système représentatif.

Qui ne sait pas que l'esprit de corps, de même que l'esprit de parti, rend souvent très-téméraires des personnes qui passent pour très-prudentes, et que la crainte d'être seules à supporter la critique, rend bien plus circonspectes les personnes qui sont seules personnellement en butte à tout ?

Le monarque est plus sûr d'être averti par sa propre famille, si intéressée à la prospérité, à la tranquillité de l'État, de même qu'à l'honneur du chef de la famille ; le monarque peut être averti par ses amis particuliers, comme par les amis de la patrie, par tous ceux que leur position attache à la couronne, dont la famille ne peut pas avoir de plus puissant appui. Dans les républiques, on ne peut pas être porté à s'attacher aux gouvernans, parce qu'ils sont amovibles et temporaires.

Les gouvernans républicains, même les plus humains, les plus *philantropes*, n'ont de sentimens vraiment paternels que pour leur propre famille.

En général, le caractère républicain est spéculateur, calculateur d'intérêts. Or, le calcul d'intérêt rend toujours moins moral, moins bienfaisant, moins délicat, moins sensible à l'honneur.

Le monarque, chef suprême de la grande famille, représentant le père de tous, est nécessairement porté à travailler à ce que la population entière ait plus de moralité et moins de cette cupidité qui surtout depuis un siècle démoralise toutes les classes. Le monarque, par son rang si élevé, au-dessus de tous sans partage, est exempt de la jalousie qui tourmente presque tous les membres du gouvernement républicain, et bien plus encore tous les intrigans qui veulent le devenir, parce que les renouvellemens dans les premières places y sont fréquens, et cela parce que le républicain prend très-aisément de l'ombrage, quand les places sont long-temps sur la tête des mêmes personnes, quand celles-ci sont remplacées par des individus des mêmes familles.

Tout porte le monarque à être plus humain que les gouvernans républicains, lors même qu'il a la passion de la gloire militaire et l'amour des conquêtes.

S'il se met à la tête de ses armées, il est témoin des dangers qu'il partage; à la fin d'une bataille, il voit cette terre jonchée des cadavres de ses compagnons d'armes, tandis que les membres délibérans du gouvernement républicain s'en tiennent très-éloignés, et que les généraux républicains dissimulent les pertes, parce qu'ils veulent prolonger la guerre, n'ayant de considération qu'à l'armée.

Le délibérant républicain, qui ne met au jeu sanglant de la guerre que des paroles et l'encre, des proclamations pour exciter le peuple et encourager les soldats,

calcule, pendant qu'ils combattent, quel en sera le bénéfice pour lui, si la guerre se termine heureusement.

Le roi légitime cherche toujours à terminer la guerre
le plus tôt possible; ses alliances de famille déjà exis-
tantes, celles qu'il projette souvent pour terminer la
guerre, facilitent la négociation de la paix; c'est un
avantage que le gouvernement républicain ne peut pas
avoir.

Tout invite le monarque légitime à rapporter le plus
tôt possible l'oriflamme à Saint-Denis : il est placé à côté
des reliques de l'apôtre de France, comme gage que son
Roi ne veut entreprendre que des guerres légitimes.

L'usurpateur créoit des prétextes pour prolonger les
guerres, ou en commencer de nouvelles; il en avoit besoin pour éblouir, pour occuper la jeunesse française,
dont il connoissoit la passion pour la gloire militaire;
il redoutoit l'effet que devoient faire sur leurs jeunes
cœurs les regrets que leurs pères et mères témoignoient
du long exil de la légitimité; les larmes qu'ils versoient
encore en parlant de Louis XVI, qu'ils appeloient sans
cesse le plus vertueux des hommes, le plus juste des rois,
le meilleur ami de tous les Français, le plus tendre père
des pauvres.

Le 21 janvier dernier, un groupe de paysans sortant
de l'église, où ils venoient d'entendre la lecture de ce
sublime testament, l'un d'eux s'écria : Il est mort comme
Jésus-Christ, pardonnant à ses bourreaux.

N'oublions pas que son appel au peuple fut rejeté par
les professeurs de la souveraineté du peuple, parce qu'ils
savoient bien que le peuple le déclaroit innocent et bon.

C'est sur la tête de ces professeurs que doit rester l'in-
famie de cet horrible parricide, et la responsabilité de

tous les maux que la France a soufferts pendant l'absence de la légitimité.

Reproduire cette doctrine, c'est se présenter aux Français la tête encore couverte du sang de leurs frères, de leurs enfans, de leurs amis, enfin de tout celui dont elle a produit une si abondante effusion dans toute l'Europe, et même dans les quatre parties du monde.

Quos Deus vult perdere, primò dementat; Dieu ôte la raison à ceux qu'il veut perdre. L'usurpateur corse a prouvé la vérité de cette maxime, lorsqu'il a été à Moscou défier tous les souverains de ramener à la France son Roi légitime ; ils ont noblement répondu à l'appel, en venant en personne suivis de leurs fidèles armées.

La légitimité a rétabli le gouvernement paternel de saint Louis et d'Henri IV ; la Charte octroyée par leur fils, a rétabli la véritable liberté.

Que nous faut-il pour consolider la tranquillité et la prospérité de la France, nous rappeler ce qu'ont produit les essais des théories de ceux que leur parti, leur coterie nous avoient donnés pour de grands génies, pour des hommes à grands talens, mais qui à l'épreuve se sont montrés si petits ?

Choisissons pour députés ceux dont le bon sens, la moralité et la fidélité sont bien prouvés.

J'ai l'honneur, etc.

B^{on} D'AUBIER.

A CLERMONT, DE L'IMPRIMERIE DE THIBAUD-LANDRIOT, LIBRAIRE, IMPRIMEUR DU ROI ET DE LA PRÉFECTURE.